A Inquisição Espanhola: A História e Legado da Notória Perseguição dos Hereges pela Igreja Católica

Por Charles River Editors

O Selo da Inquisição Espanhola

Introdução

A Inquisição Espanhola

"A perseguição não é uma característica original em nenhuma religião; mas é sempre a característica fortemente marcada de todas as religiões estabelecidas por lei. "- Thomas Paine, Direitos do Homem

Em muitas sociedades modernas, leis foram postas em prática para proteger os cidadãos da discriminação com base em gênero, crenças, raça e sexualidade. A simples ideia de ter esses direitos impedidos de alguma forma é algo que as pessoas no Ocidente costumam considerar impensável. Nos dias de hoje, as pessoas vão lutar com unhas e dentes para corrigir os casos de discriminação e injustiça, desde a busca de uma ação legal até a instauração de processo criminal contra a parte discriminatória.

Existem várias organizações em todo o mundo para ajudar a combater e proteger seus cidadãos de injustiças prejudiciais. A mídia social também se tornou um canal para as pessoas ao redor do mundo expressarem essas injustiças. Aqueles em todo o mundo que simpatizam com os discriminados se unem e condenam os intolerantes acusados. Boicotes, petições e reações negativas resultantes da mídia social e da Internet têm desempenhado um papel significativo na contribuição para a queda de indivíduos e empresas que foram acusados de discriminação de qualquer tipo.

O caminho para a era moderna de harmonia e aceitação cultural é um dos melhores feitos do progresso humano, mas, dito isso, houve um tempo em que a mera dúvida da existência de uma figura religiosa não era apenas punível por lei, mas poderia muito bem custar a vida de um homem. Este era o crime de heresia. Esse tipo de perseguição religiosa existe há milhares de anos, e os cristãos costumavam ser as vítimas, mas quando a Igreja Católica começou sua rápida expansão pela Europa durante a Idade Média, a situação se inverteu. Em 1184, o Papa Lúcio III emitiu uma bula papal que daria início a uma longa tradição de caça aos hereges e, como resultado, a Era das Inquisições começou.

Em uma reviravolta de eventos, os perseguidos se tornaram os perseguidores. A partir de então, a Igreja Católica Romana assumiu a responsabilidade de manter tribunais, ou cortes judiciais, em uma missão para exterminar a heresia de uma vez por todas. Acredita-se que essas inquisições, que assolariam a Europa por séculos, viram centenas de milhares de pessoas perseguidas por crenças que iam contra a Igreja. Uma parte surpreendente deles seria brutalmente torturada e enviada para a morte.

Nenhum deles se compara ao que nasceu no século 15 - a Inquisição Espanhola. A notória inquisição, assunto de vários documentários, filmes e outros meios de cultura pop, é uma era obscuramente lembrada por sua opressão, tortura bárbara e tirania religiosa. Servindo de pano de fundo para tudo isso estava uma doença mortal, um homem semelhante a Satanás, e a tumultuada ascensão e queda de um dos períodos mais terríveis da história europeia.

A Inquisição Espanhola: A História e Legado da Notória Perseguição de Hereges da Igreja Católica examina como a Inquisição surgiu e como as pessoas foram torturadas e executadas. Juntamente com fotos de pessoas importantes, lugares e eventos, você aprenderá sobre a Inquisição como nunca antes.

A Inquisição Espanhola: A História e Legado da Notória Perseguição dos Hereges pela Igreja Católica

Sobre Charles River Editors

Introdução

As Primeiras Inquisições

"Quando você ouvir qualquer leigo falar mal da fé cristã, defenda-a não com palavras, mas com a espada, que você deve cravar em sua barriga o mais profudamente que puder."- Papa Gregório IX

A discriminação religiosa, embora não completamente extinta hoje, é algo que muitos acham intolerável, mas houve uma época em que era sancionada pelas mais altas autoridades. A perseguição daqueles que não aderiam às crenças religiosas do governo não foi apenas uma vez considerada comum, mas considerada um dever cívico.

Algumas das primeiras perseguições associadas ao Cristianismo remontam a 64 DC em Roma.Naquele ano, um terrível incêndio causou estragos em Roma por cerca de uma semana, consumindo mais de 75% da cidade. Não muito depois, um palácio luxuoso foi erguido no local do incêndio. As pessoas enfurecidas acusaram o imperador Nero de ser o incendiário, e eles acreditaram que ele havia incendiado a cidade para sua própria alegria. Ao ouvir o clamor furioso do povo, Nero desviou a culpa para os cristãos, culpando-os pelo incêndio e ordenando que fossem presos e executados. Centenas de cristãos foram mortos de forma bárbara, alguns queimados vivos e outros destroçados por cães famintos por carne.

Um busto de Nero

Nos séculos seguintes, os cristãos em Roma foram continuamente perseguidos. Os romanos pagãos criticaram os cristãos por se recusarem a se prostrar aos deuses romanos e ofenderam-se com a resistência dos cristãos em oferecer presentes e sacrifícios ao imperador romano, que também era considerado um ser semidivino. Além disso, ignorantes de seus costumes, as autoridades - talvez interpretando mal os ritos da Eucaristia e do ágape cristão - os acusavam de participar de incesto e canibalismo.

A perseguição naqueles dias não se limitava apenas aos cristãos. O senado romano também condenou os cultos das divisões romanas e gregas, incluindo os seguidores de Baco e da Magna Mater. Os bacanais eram alvo de sua turbulência e inclinação para a violência, enquanto o último era servido por "padres que se castravam" que incentivavam "música e dança bizarras". Esses cultos foram estigmatizados por serem rudes e "não romanos". "Em Roma seguimos as leis de Roma", como se diz.

No entanto, o século 4 houve uma grande mudança no poder. Em 312 DC, o imperador Constantino I se tornou o primeiro imperador romano a se converter ao cristianismo. Constantino pediu o fim da perseguição cristã e o catolicismo logo se tornou a religião dominante em todo o país.

No início da Idade Média, a Igreja Católica Romana havia se tornado uma força inflexível de autoridade na Europa. Os habitantes da cidade, consistindo de uma população em grande parte católica, concordaram com as autoridades que os hereges ameaçavam trazer a ruína final para a sociedade, e houve amplo apoio quando as autoridades procuraram livrar a doença da heresia de suas comunidades.

Imagem de Jean-Christophe Benoist de um busto de Constantino, o Grande

A primeira das inquisições, também conhecida como Inquisição Episcopal, começou em 1184. Naquele ano, o Papa Lúcio III emitiu uma bula papal que ele batizou de "Ad abolendam". O nome latino, que significava "com o propósito de acabar com", fazia exatamente isso.Bispos locais, ou episcopais, eram enviados às suas respectivas dioceses duas vezes por ano para caçar hereges.

Um retrato de Lucius III

Os que estavam no topo da lista eram os cátaros do sul da França (especialmente em Tolouse), que acreditavam no blasfemo "dualismo". Os cátaros pregaram sobre um Deus bom, que criou o mundo espiritual, e um Deus mau, que criou o mundo materialista. Como estavam acostumados a aderir a um estilo de vida estrito de pobreza e castidade, sua recusa veemente em fazer juramentos enfureceu as autoridades governamentais.De 1208-1218, 15.000 cátaros teriam perdido suas vidas no processo.

Nas regiões vizinhas da Alemanha e norte da Itália, os bispos treinaram seu foco no movimento valdense. Os valdenses eram leigos ortodoxos, ou membros não ordenados da igreja, que expressaram seu desgosto pela crescente riqueza e influência da Igreja Católica. Embora a seita compartilhasse da crença da Igreja de que existe apenas um Deus, os valdenses protestaram contra a celebração dos santos e mártires do passado. Eles não acreditavam na necessidade de reunir um grupo especial de homens para os deveres do sacerdócio; em vez disso, eles acreditavam em um único corpo a que se referiam como o "sacerdócio de todos os crentes".

Em 1216, São Domingos de Guzman estabeleceu a Ordem dos Pregadores, inspirado após uma viagem ao sul da França cheio de heresias. Ele reuniu um pequeno grupo de mulheres convertidas, conhecidas hoje como freiras dominicanas, que tinham a tarefa de pregar e orar pelo povo em nome da ordem dominicana. Os homens logo foram atraídos para a seita religiosa, conhecida como frades. Em 22 de dezembro daquele ano, o Papa Honório III reconheceu formalmente a ordem.

Retrato de São Domingos de Fra Angelico

Essas primeiras inquisições primitivas foram realizadas em vários graus, com historiadores se referindo à época como assistemática e desorganizada. Na verdade, as autoridades ficaram preocupadas quando mais e mais aldeões começaram a queimar supostos hereges sem a realização de um julgamento adequado. Temendo o caos causado pelas inquisições não regulamentadas e o aumento da violência, o papa residente, Gregório IX, procurou consertar o sistema. Em fevereiro de 1231, o papa Gregório IX instituiu uma lei romana declarando que os hereges processados e condenados pelo tribunal da Igreja teriam sua "punição devida". A punição, como declarou o papa, seria prisão perpétua para o arrependido e imolação para o obstinado e impenitente. Este foi o início do que hoje é conhecido como Inquisição Papal.

Uma representação do Papa Gregório IX

As inquisições, que inicialmente concentraram seus esforços na eliminação dos cátaros e valdenses, logo ampliaram seus escopos. Eles estavam agora à procura de heresia em qualquer nível, o que incluía alvejar aqueles de crenças religiosas diferentes ou ligeiramente conflitantes, blasfemadores e as chamadas bruxas. O papa formou uma equipe especialmente treinada de "inquisidores papais", principalmente padres dominicanos e franciscanos, e os distribuiu por toda a Europa.

O papa Gregório IX esperava trazer um ar de legalidade e organização às inquisições, garantindo que o poder de perseguir os hereges não estivesse mais com os bispos locais, mas com o papado. A partir de então, os hereges foram convocados ao centro da Inquisição, onde seriam interrogados por funcionários treinados com uma série de perguntas pré-aprovadas pelo próprio papa. Também sob as instruções do papa, os inquisidores agora deviam manter documentos detalhados de seus interrogatórios, bem como arquivos dos hereges acusados. A organização renovada era evidente, como fica claro pelo fato de que a maioria dos registros históricos da Idade Média consistem em testemunhos dos hereges da Inquisição Papal.

Quando a heresia fosse investigada em uma área específica, um par de inquisidores seria nomeado para lidar com o interrogatório e o tribunal seguinte. Embora alguns inquisidores fossem conhecidos por serem mais tolerantes e caracterizados como "homens de misericórdia", havia aqueles que faziam mais do que contornar as regras. Esses inquisidores infligiram métodos criativos de tortura aos acusados, forçando-os a confessar para serem jogados atrás das grades.

Inevitavelmente, a natureza coercitiva de tais métodos mórbidos garantiu que parecessem mais eficazes. Em 1252, o Papa Inocêncio IV sancionou formalmente a tortura como meio legal de "extrair verdade e informação" dos suspeitos. As pessoas começaram a fugir ao avistar os inquisidores, enquanto os bravos foram forçados a mover suas operações religiosas heréticas para a clandestinidade. Compreensivelmente, muitos começaram a desprezar os inquisidores do Sacro Império Romano; no final do dia, eles possuíam o poder de excomungar e pedir a morte de qualquer pessoa que considerassem conveniente. Nem mesmo a realeza estava isenta.

Um retrato contemporâneo do Papa Inocêncio IV

O papa e seus associados estavam convencidos de que os tribunais eclesiásticos seriam suficientes para, em certo sentido, amedrontar os hereges e opositores a aceitar o que eles acreditavam ser a única religião verdadeira. Por outro lado, os hereges sem remorso que foram considerados causas perdidas seriam executados imediatamente. Isso, acreditava o papa, era uma necessidade, a única maneira de manter a pureza dentro da Igreja e da sociedade, e essas primeiras inquisições papais moldaram a base para as futuras inquisições que viriam.

A Maldição da Peste Negra

"A peste não honrava a classe social, e a mortalidade entre a nobreza se aproximava a da população em geral."- Robert Steven Gottfried

Na metade do século 14, a Europa se viu cara a cara com uma das doenças mais mortais já conhecidas pela humanidade. Em outubro de 1347, saudosistas e simpatizantes migraram para o cais siciliano de Messina. Uma frota de uma dúzia de navios estava estacionada perto do porto, tendo acabado de chegar de uma longa viagem pelo Mar Negro, mas quando os navios ficaram assustadoramente parados, transeuntes preocupados embarcaram nos navios para dar uma olhada.

O que eles viram chocou até os capitães mais experientes. Quase todos os tripulantes dos navios estavam mortos. Havia alguns que estavam vivos, mas por pouco, atingidos por uma doença misteriosa e horrível. Alguns ficaram completamente paralisados de suas febres escaldantes, enquanto outros convulsionaram incontrolavelmente e uivaram de dor, incapazes de manter a comida em seus estômagos. O mais alarmante de tudo eram as dezenas de pústulas pretas horríveis e pulsantes que brotaram nos corpos dos homens, liberando bolsas de sangue e pus nunca vistas. Um nome logo se colou à doença debilitante: a "Peste Negra".

Uma ilustração medieval retratando pessoas com a praga sendo abençoadas

Uma representação medieval de vítimas da peste sendo enterradas

Uma ilustração da Bíblia do início do século 15 que se acredita retratar a praga

As autoridades se esforçaram para devolver esses "navios da morte" de volta ao mar, mas o estrago já havia sido feito. Neste ponto, os europeus tinham ouvido apenas histórias vagas de uma doença semelhante, chamada de "Grande Pestilência", que estava devastando as regiões da Ásia e do Norte da África, mas dado o estado quase inexistente de comunicação internacional na época, essas histórias forneciam pouco a nenhuma informação sobre como suprimir a doença.

Giovanni Boccaccio, um poeta italiano, registrou descrições dos aflitos. Os piores furúnculos latejantes, alguns do tamanho de ovos e outros " do tamanho de uma maçã comum" pelas virilhas ou axilas.Acompanhado por esses "furúnculos de peste" detestáveis estavam os sintomas indesejáveis de calafrios, diarreia intensa, dores intensas e, por fim, morte. As autoridades nunca tinham visto uma doença tão terrivelmente contagiosa, propagável apenas pela respiração de ar contaminado e "o simples toque de roupas". Aqueles que foram encarregados de limpar e manusear os corpos empilhados não usavam equipamentos de proteção, então eles foram completamente expostos às bactérias da praga, contribuindo assim para a propagação da doença.

Uma representação da peste em Florença, conforme descrito pelo Decamerão

Uma representação medieval de Boccaccio e outros florentinos fugindo da praga

As pessoas em pânico ficaram desesperadas, dispostas a recorrer a qualquer coisa para se curar da doença. As medidas mais extremas foram aquelas tomadas pelos flagelantes religiosos. Acreditando que de alguma forma haviam irritado a Deus, eles se chicotearam e se espancaram repetidamente na esperança de mostrar seu remorso e escapar da doença mortal. Claro, essas medidas não foram úteis. No final das contas, cerca de 20 milhões morreram em um período de 5 anos, o que era equivalente a quase um terço da população do continente inteiro.

A Peste Negra foi eventualmente contida, mas o que veio depois foi apenas mais miséria. Devido à redução drástica da população de agricultores, as pessoas famintas enfrentaram uma escassez de alimentos, e a escassez de alimentos abriu o caminho para uma inflação inevitável nos preços dos alimentos, que levou os pobres a uma pobreza ainda maior. Em certas cidades inglesas, os preços dos alimentos dispararam, com o pão e os alimentos básicos custando quatro vezes o preço original.

Com o compreensível clamor do público, as autoridades precisavam de alguém para culpar.Inicialmente, a causa da Peste Negra foi considerada uma punição direta de Deus. Houve quem argumentasse que Deus estava punindo a Igreja Católica corrupta. Alguns atribuíram a ira de Deus à guerra aparentemente incessante e ao conflito que assolava a Europa. Outros insistiram que Deus estava descontente com eles por não terem expulsado os muçulmanos da Terra Santa.

Eventualmente, as autoridades encontraram um novo bode expiatório: os judeus. As autoridades notaram que a doença afetou apenas levemente ou quase não apareceu em algumas cidades. Essas eram as cidades que abrigavam muitos membros da comunidade judaica. As autoridades europeias começaram a abraçar a ideia, convencendo-se de que haviam localizado a origem de seus problemas. Muitos começaram a pregar que era seu dever converter, evitar ou eliminar os judeus, tudo para manter a sociedade intacta.

Na época, os europeus não conseguiam compreender por que as vítimas judias morriam a apenas "metade da taxa" de suas contrapartes cristãs, ao passo que os historiadores de hoje associam a maior taxa de sobrevivência das comunidades judaicas às práticas sanitárias de seus costumes tradicionais. Enquanto os membros não judeus da sociedade na Europa podiam passar décadas sem nunca lavar as mãos, os judeus eram obrigados pela lei religiosa a se manterem limpos o tempo todo. Eles foram instruídos a lavar bem as mãos várias vezes ao dia, inclusive antes das refeições, após contato humano "íntimo" e após as idas ao banheiro.

Outro fator importante a se considerar era a maneira como os judeus lidavam com seus corpos. Enquanto o público em geral persistia no hábito de deixar corpos crivados de doenças apodrecendo expostos antes de enterrá-los, a lei judaica exigia o enterro imediato. Além disso, no espírito da chevrah kadisha, a sociedade fúnebre formal judaica, os corpos eram primeiro devidamente limpos antes de serem baixados à terra.

Havia razões muito práticas para os judeus se saírem melhor, mas os não judeus eram incapazes de entendê-los ou aceitá-los, então outra teoria logo surgiu. Em vez disso, a explicação era que os judeus, que os cristãos descreveram como agentes de Satanás, queriam destruir as comunidades católicas de dentro para fora. Eles foram acusados de envenenar os poços de bebida, e o resto do mundo se uniu para retaliar os judeus, seu ódio por eles crescendo constantemente.Vários papas tentaram instituir proclamações afirmando que os judeus não deveriam ser culpados ou perseguidos, mas foram ignorados.

O ódio unido aos judeus trouxe uma série de pogroms. Em 1349, perto do fim da Peste Negra, os horrores começaram. Naquele ano, todos os membros de uma aldeia judia com base em Basel, na Suíça, foram presos e queimados vivos. Outras comunidades judaicas que residiam nas cidades de Augsburg, Nurnberg, Munique e outras foram expulsas ou executadas. Moradores de uma comunidade judaica em Worms, Alemanha, foram condenados pelas autoridades a queimar na fogueira. Diante de um destino imutável, 580 desses residentes tentaram resolver o problema com as próprias mãos e incendiaram suas casas antes que as autoridades pudessem chegar até eles.

A comunidade judaica em Mainz tentou se defender, matando pelo menos 200 de seus atacantes cristãos, mas a vingança dos cristãos foi rápida e brutal. Em 24 de agosto do mesmo ano, 6.000 judeus perderam a vida. Em 1351, um ano após o fim oficial da Peste Negra, as comunidades judaicas na Alemanha e nas regiões dos Países Baixos eram praticamente inexistentes, mas a destruição violenta e o banho de sangue continuaram por mais quatro décadas. Para colocar em perspectiva, a população judaica em Frankfurt foi estimada em cerca de 19.000 em 1350, mas meio século depois, a população tinha diminuído para míseros 10.

O que realmente causou a Peste Negra? Até recentemente, acreditava-se que a peste bubônica vinha de pulgas doentes que pegavam carona nas costas de roedores. Embora isso já tenha sido contestado (alguns cientistas sugerem que o verdadeiro culpado é o ar), está claro que a doença certamente não se originou de nenhum grupo específico de pessoas.

O Nascimento da Inquisição Espanhola

"Qualquer pessoa que tente construir uma visão pessoal de Deus que entre em conflito com o dogma da Igreja deve ser queimada sem piedade."- Papa Inocêncio III

No final do século 14, a desconfiança e o preconceito contra as comunidades judaicas rapidamente se espalharam para a Espanha. Em 1391, Jaime II de Aragão embarcou no trem; apoiado em um canto pela Igreja Católica Romana, ele estabeleceu uma lei que proibiu completamente os judeus da Espanha. Os judeus foram evitados em massa e os restantes receberam um ultimato para converter-se / voltar ao catolicismo ou enfrentar a morte imediata.

Um retrato contemporâneo de James II de Aragão

Ainda outra onda de massacres sangrentos se seguiu. Nos últimos quatro séculos, a cidade de Barcelona havia servido como o ponto central das comunidades judaicas. Em apenas 3 anos, todos as 23 sinagogas judaicas em Barcelona tinham sido demolidas à força. Nada além de cinzas e restos carbonizados no lugar.

Em 1394, comunidades judaicas em Barcelona, Toledo, Sevilha e Perpignan não eram nada mais que uma memória. O que restava dos judeus espanhóis deram o melhor de perseverar. Eles arrecadaram dinheiro suficiente para subornar autoridades e praticaram sua fé em sigilo até o século 15.

O século 15 marcou uma virada crucial para judeus e cristãos espanhóis. A conversão dos judeus havia se tornado o principal objetivo da Igreja Católica, e eles estavam determinados a fazer isso acontecer. Para fazer isso, a Igreja Católica confiou amplamente em desertores judeus, também conhecidos como apóstatas ou conversos, para cumprir a causa. Entre esses apóstatas estava o rabino Solomon ha-Levi. Originário de Sevilha, o rabino tornou-se uma espécie de ícone e era muito respeitado pelas comunidades judaicas.Após a conquista da Barcelona judaica em 1391, no entanto, ele, junto com sua esposa e filhos, foram publicamente convertidos ao catolicismo. O ex-rabino se autodenominou Paulo de Burgos.

Paulo de Burgos

Solomon ha-Levi, agora Paulo de Burgos, foi um dos exemplos mais notáveis de converso. Este era o termo dado a qualquer indivíduo de fé judaica ou muçulmana que tivesse se convertido ao catolicismo. Enquanto alguns conversos foram coagidos à conversão, outros, como ha-Levi, se converteram voluntariamente. Este foi um rótulo dado não apenas à geração dos convertidos, mas também herdado por seus filhos e descendentes.

Os conversos se orgulhavam de ser uma nova geração de cristãos. Embora fossem de ascendência judaica, eles abraçaram a "verdadeira" religião católica. Houve até mesmo quem alegou que os conversos tinham uma conexão mais profunda com Deus e eram simplesmente melhores do que os "Cristãos Velhos". De acordo com os conversos, como judeus, eles eram relacionados por sangue a Cristo. Um bispo converso chamado Alonso de Cartagena era conhecido por recitar uma versão aprimorada da oração "Ave Maria". Enquanto orava, ele constantemente se referia a Maria como "Mãe de Deus e minha parente de sangue".

Em 1394, Paulo de Burgos começou a trabalhar oficialmente para o Papa Bento XIII, então conhecido como Cardeal Pedro de Luna. Junto com outro convertido, Joshua ha-Lorki, a dupla conseguiu converter com sucesso mais 50 intelectuais judeus reverenciados. Um documento foi então escrito, assinado e endereçado aos judeus, encorajando-os a não resistir. Eles foram aconselhados a se converterem ao catolicismo, única maneira de permanecerem na Espanha.

Um judeu não se deixou influenciar tão facilmente e ficou agravado com o número crescente de convertidos. Seu nome era Hasdai Crescas, um ex-discípulo de Paulo de Burgos e ha-Lorki. Crescas publicou uma série de livros em defesa do Judaísmo, o primeiro dos quais intitulado Ohr Hashem ("Livro da Luz").Não apenas as publicações elogiaram o judaísmo, mas Crescas incluiu um comentário áspero sobre a Igreja Católica. Alguns anos depois, o rabino Isaac ben Moses ha-Levi Duran publicaria um livro de sua autoria no mesmo gênero.

Talvez o mais incriminador da literatura rebelde tenha sido o Kelimmat ha-Goyimde Duran, que se traduz como "A Vergonha dos Gentios". A publicação do livro encontrou reações drasticamente conflitantes.Por um lado, o povo judeu se alegrou com a ousadia do autor em escrever o que não podia expressar. Por outro lado, a publicação do livro só acrescentou óleo às chamas do preconceito que as autoridades espanholas já tinham contra os judeus.

A Igreja Católica viu isso como uma blasfêmia absoluta e decidiu que todos os judeus espanhóis pagariam por isso. Tornou-se uma honra estimada ser agraciado com a tarefa de converter os judeus por meio dos pogroms selvagens. Um dos mais prolíficos líderes do pogrom se gabou de comandar um exército que converteu 20.000 judeus e matou outros 10.000 no processo.

A ameaça de extinção pairava sobre as comunidades judaicas sobreviventes. As novas leis aprovadas em 1412 cuidaram disso, com o objetivo de ridicularizar os judeus. Primeiro, os judeus foram segregados do resto da cidade, enviados para morar nas favelas vizinhas de cidades e vilas. Eles não deveriam ser formalmente tratados por nenhum título ou seus nomes de batismo, e deveriam seguir um código de vestimenta rígido. Eles não podiam mais usar perfume e se enfeitar com "penas no cabelo", ou se vestir com roupas luxuosas, como cetim e seda finos. Seu vestido modesto foi coroado por um decreto para que todos os homens judeus deixassem suas barbas crescerem bagunçadas.

O mesmo conjunto de leis proibia o público de interagir com os judeus e limitava as profissões judaicas. Eles não podiam mais ter lotes de terra e foram proibidos de cultivar, ocupar cargos no governo e outros tipos de comércio. Isso acabou com os alfaiates, sapateiros, ferreiros, médicos, farmacêuticos, corretores e cambistas judeus. Como disse a Igreja Católica, os judeus foram submetidos a árduo trabalho manual, como "cortadores de lenha e carregadores água".

Ha-Levi e Ha-Lorki esperavam encontrar uma solução conclusiva para o conflito judaico-católico. Eles convocaram um encontro com o papa Bento XIII, lançando um debate completo entre autoridades judias e católicas, com o papa supervisionando a discussão como árbitro. Se o povo judeu saísse vitorioso, eles teriam permissão para praticar sua fé sem a intervenção do governo e da Igreja. Se os católicos ganhassem, todos os judeus concordariam em se converter ao catolicismo.

Papa Bento XIII

Em 1413, começou o Debate em Tortosa, que se arrastaria por quase 3 anos.Infelizmente, os oficiais judeus sabiam que o campo de jogo estava tudo menos nivelado. Eles nunca tiveram a chance de apresentar adequadamente seus casos, especialmente porque isso era essencialmente cometer um crime como cidadão espanhol. Ao longo dos anos, cerca de 300 rabinos participaram do debate. Dos 300, mais de um terço deles foram atraídos para o catolicismo. Talvez sem surpresa, os judeus perderam o debate. Muitos previram as dificuldades que viriam e começaram a fazer as malas e partir. Perto do final do século 15, estima-se que 250.000 judeus emigraram da Espanha.

Na década de 1470, um frade dominicano com o nome de Alonso de Ojeda tornou-se intimamente familiarizado com o rei Fernando e a rainha Isabella, os monarcas católicos da época. Dedicando aos convertidos católicos, Ojeda informou a rainha que um grande número deles ainda praticava sua fé em segredo.Uma investigação resultou em elaborados relatórios elaborados pelos dois outros frades, Tomas de Torquemada e Pedro Gonzalez de Mendoza, o último que dos quais foi o Arcebispo de Sevilha. Suas descobertas apoiado alegações do Ojeda, que levou os monarcas a tomar medidas imediatas.

Torquemada

Pedro Gonzalez de Mendoza

Em 1478, o rei Ferdinand e a rainha Isabella criaram o Tribunal do Santo Ofício da Inquisição - em suma, a Inquisição Espanhola. Os monarcas viam a inquisição como crucial por várias razões.Isabella tinha apenas retomado o trono para Castela dois anos antes, e ela encontrou-se envolvida em conflito com a rainha de Portugal, Juana la Beltraneja. O apoio francês e português de Beltraneja significou que um trio de forças estava trabalhando ativamente para derrubá-la. Isabella esperava combater isso centralizando seu poder através da unidade religiosa. Além disso, a inquisição esperava diminuir outros poderes políticos rivais, incluindo o dos judeus.

Assim começou a era da infame Inquisição Espanhola.

Os Monarcas Católicos

Demônio por Tabela

"Mas falsos profetas também surgiram entre o povo, assim como haverá falsos mestres entre vocês, que secretamente introduzirão heresias destrutivas. E muitos seguirão sua sensualidade, e por causa deles o caminho da verdade será blasfemado, sua destruição não está adormecida. "- 2 Pedro 2:1–18.

Cinco anos após o estabelecimento da sede do tribunal, o frade dominicano Tomas de Torquemada, de 62 anos, recebeu oficialmente o título de Grande Inquisidor. Outras fontes se referiram a ele como o Inquisidor Geral. Desde o início, Torquemada, um homem conhecido por suas táticas de interrogatório implacáveis e fé católica inabalável, estava em uma missão, e logo conquistaria uma reputação horrível, com acusados de hereges em toda a Espanha estremecendo à simples menção de seu nome.

   Torquemada, apesar de já ter sido descrito ironicamente como "Satanás por excelência", era um homem de devoção intocável. Ele nasceu na cidade de Valladolid, Espanha, em 1420. Sua linhagem ancestral era cheia de conversos. Um deles era seu tio, Juan de Torquemada, cardeal e ilustre teólogo, cujo avô era converso.

Juan de Torquemada

   Torquemada sempre foi atraído pelo estilo de vida religioso. Na casa dos 20 anos, o jovem ingressou nas fileiras de um humilde mosteiro em San Pablo e fez seus votos religiosos. Ele serviria ao mosteiro por pouco mais de duas décadas.

Ao longo de seu serviço em San Pablo, ele rapidamente fez seu nome, e não demorou muito para que os líderes do mosteiro notassem a estrela em ascensão.Afinal, Torquemada possuía as três habilidades cruciais necessárias para ter sucesso - ele era severo, estudioso e profundamente devoto. Em poucos anos foi transferido para o Mosteiro de Santa Cruz, na cidade de Segóvia.Lá, ele foi promovido ao posto de prior, um oficial de alta patente apenas um degrau abaixo do abade, o chefe do mosteiro.

Foi nessa época que o frade fez amizade com a Rainha Isabel.Alguns anos antes de Isabel subir ao trono, a futura rainha ainda residia em sua propriedade palaciana em Segóvia. Ela própria se autoproclama devota católica, Isabel simpatizou imediatamente com o frade prático. À medida que o casal se aproximava, ela convidou o frade para servir como seu padre particular, também conhecido como seu "confessor".

Torquemada não só se tornara o clérigo pessoal de Isabella, como também se tornaria seu maior apoiador e aliado de confiança. Em 1469, foi dito que Torquemada persuadiu Isabella, de 18 anos, a se casar com seu primo de segundo grau, o rei Fernando de Aragão. Muitos teorizaram que o frade tratou a realeza como peões, e que ele simplesmente queria fundir os dois reinos de Castela e Aragão para criar uma unidade única poderosa onde ele pudesse livremente fazer suas ordens. De qualquer forma, após o casamento real, Torquemada se tornaria o confessor de Ferdinand também.

O trio permaneceu, em certo sentido, inseparável.Seu rosto esteve presente em quase todos os eventos memoráveis, incluindo a coroação da rainha de 23 anos em 1474. Uma homenagem à estreita relação do trio ainda pode ser vista no Mosteiro de Santa Cruz até hoje. Uma intrincada escultura acima da porta do priorado mostra uma imagem de São Domingos empunhando uma cruz gigante. Diz-se que dois pares de mãos segurando a cruz de cada lado de Domingos representam as mãos de Torquemada e dos monarcas católicos. Por baixo da cena está um par de cães e gatos brigando. Os cães ferozes simbolizam os dominicanos determinados, enquanto os felinos são uma representação dos hereges e dos vícios malignos do mundo materialista.

Isabel e Fernando estavam mais do que certos de que haviam escolhido o homem certo para o trabalho. Afinal, Torquemada tinha um portfólio brilhante. Certa vez, ele organizou uma queima de livros de literatura blasfema em um mosteiro em Salamanca com um comparecimento impressionante. Depois, havia o estatuto que ele publicou como prior do mosteiro - a limpeza do sangue. A lei, que se traduz em "sangue puro", garantiu uma adesão puramente católica à Ordem Dominicana, "imaculada de sangue judeu e muçulmano".

Para os monarcas católicos, ele não decepcionaria. Em 15 anos, Torquemada acrescentaria mais 24 santos ofícios ao total geral. Essas filiais alcançavam todo o país, incluindo localidades em Jaen, Córdoba, Siudad, Sevilla e Saragoça. O historiador espanhol Sebastian de Olmedo reverenciou Torquemada, saudando-o como "o martelo dos hereges, a luz da Espanha, o salvador de seu país e a honra de sua ordem".

Ao mesmo tempo, havia aqueles que lançavam maldições contra Torquemada e seus homens com apelidos nada lisonjeiros. Torquemada era um personagem assustador. Ele vagou pelas ruas da Espanha em seu traje todo preto, o rosário em volta do pescoço chacoalhando suavemente enquanto ele caminhava. Ele olhou para eles com seus olhos frios e fundos, apresentando uma ruga permanente de desdém no nariz proeminente em forma de bico. Eles o chamavam de "A Lenda Negra", ou simplesmente, o próprio Diabo.

Torquemada, como os inquisidores antes dele, tinha um objetivo: limpar a Espanha da heresia e da diversidade cultural. Mas ao contrário dos outros, ele estava disposto a ir a comprimentos que ninguém antes dele jamais sonhou. O frade e seus companheiros católicos foram alimentados por um ódio ardente pelos hereges; para eles, a heresia era o pior de todos os crimes. Com base em sua lógica, assassinos e estupradores ainda poderiam se arrepender, o que enviaria suas almas direto para o céu. Os hereges, porém, eram gananciosos, impenitentes e, acima de tudo, sem esperança. Eles não mereciam um lugar nesta terra, mas para sempre sofrer nas profundezas do inferno.

Para sobreviver, o público sabia que deveria pisar suavemente nas cascas de ovo do que era considerado heresia. Duvidar da ressurreição de Cristo foi o suficiente para colocar alguém na sala de interrogatório. Um homem teria sido preso quando suas reflexões sobre a lógica da Virgem Maria grávida foram ouvidas. Outro foi acusado de declarar inocentemente que não tinha escrúpulos com dois solteiros fornicando antes do casamento.

Outros foram acusados de se envolverem na definição da Igreja de indiscrições sexuais.Isso incluía atos de homossexualidade, adultério ou relação sexual sem casamento. Mas, para Torquemada, os pecadores mais graves de todos os hereges eram os falsos conversos, ou como ele os chamava, "relapsos" (hereges recaídos). Eram pessoas que haviam renunciado exteriormente à sua fé e abraçado o catolicismo, mas ainda praticavam furtivamente sua "falsa fé" por trás de portas fechadas.

O Funcionamento Interno da Inquisição

E aquele que blasfemar o nome do Senhor, certamente será morto; toda a congregação certamente o apedrejará. Tanto o estrangeiro como o natural, que blasfemar o nome do Senhor, será morto.- Levítico 24:16

Torquemada decidiu que outra tentativa de reorganização era necessária. Para rastrear os relapsos, o Grande Inquisidor produziu um manual, junto com um conjunto estrito de instruções que cada inquisidor deveria obedecer. As regras eram diretas; eles deveriam prender os hereges e interrogá-los na sala de interrogatório. Os inquisidores estavam armados com perguntas e uma lista de verificação de heresias para que pudessem avaliar se o herege seria ou não cobrado.

Incluídos nos manuais dos inquisidores estavam dicas e orientações sobre como identificar um converso judeu desonesto ou, como outros zombavam deles, os "cripto-judeus". Os inquisidores estavam à procura de indivíduos que cozinhavam e limpavam as sextas-feiras à noite, o que era um hábito judaico. Esses relapsos frequentavam lojas judaicas locais para estocar refeições kosher. Os últimos indivíduos eram bastante fáceis de detectar, já que a maioria dos espanhóis na época consumia grandes quantidades de carne de porco, um alimento básico proibido pela lei judaica e muçulmana. A ausência de fumaça de chaminé nas noites de sábado era outra pista de que aqueles que estavam lá dentro poderiam estar honrando o sábado.

Em 1484, Torquemada instituiu 28 artigos adicionais no manual dos inquisidores, e mais crimes foram incluídos na lista de heresias.A longa lista agora incluía poligamia, sodomia, feitiçaria e até usura. Com isso, os implacáveis inquisidores foram soltos nas ruas da Espanha. Eles se escondiam nos cantos, observando e calculando cada movimento dos cidadãos. Desnecessário dizer que o público detestava os inquisidores, tanto que logo um nome depreciativo foi atribuído a eles. As pessoas os chamavam de "domini canes" ou, em inglês, "cães de caça do Senhor". Um dos que viveram os horrores da inquisição escreveu o seguinte em seu diário: "Todo mundo estremece com seu próprio nome [Torquemada], pois tem autoridade suprema sobre a propriedade, vida, honra e até mesmo as almas dos homens."

Os historiadores descreveram o bando de inquisidores como uma "corte religiosa itinerante", e sua presença constante nas ruas despertou um sentimento de medo e asfixia em toda a Espanha. Aqueles que temiam serem eles próprios processados muitas vezes denunciavam seus vizinhos. Além disso, as crianças (de 12 anos para meninas e 14 para meninos) eram consideradas responsáveis por suas ações e também podiam ser levadas para interrogatório, se necessário.

Desnecessário dizer que a desconfiança dentro das comunidades era uma realidade preocupante. O medo de ser acusado fez com que muitos agissem e caluniassem os nomes de seus vizinhos. Outros sofreram uma lavagem cerebral para acreditar que era seu dever como cristãos fiéis entregar os insubordinados. Os registros mostram provas dos milhares de informantes não identificados que se apresentaram durante esse período sufocante. Na verdade, uma das chaves para o sucesso da inquisição foi o arsenal de escribas de Torquemada. Esses homens, ou secretários de ofícios sagrados, compilaram registros detalhados de todas as interações da inquisição. Bibliotecas de transcrições de interrogatórios e arquivos pessoais de hereges acusados eram mantidas nos depósitos dos santos ofícios. Essas fichas históricas significavam essencialmente liberdade ou morte para o indivíduo acusado. Os ladrões começaram a invadir os escritórios sagrados para roubar o máximo de arquivos que pudessem carregar. Esses registros seriam então vendidos de volta aos hereges por um preço alto.

Os interrogatórios foram um componente crucial para a máquina da inquisição. Dois séculos atrás, o papado havia sancionado o uso de tortura durante o interrogatório e, não surpreendentemente, Torquemada e seus homens exploraram esse poder em sua vantagem. Como a calmaria antes de uma tempestade, os interrogatórios começaram com uma atmosfera pacífica na sala. Lentamente, os inquisidores investigaram o prisioneiro com perguntas simples sobre seu estilo de vida. Eles perguntaram sobre suas famílias, onde moravam, o que faziam para viver. Eles podem até ser convidados a compartilhar sua comida favorita, na esperança de aliviar a tensão na sala. Sem o conhecimento do prisioneiro, o objetivo dessas questões veladas de preocupação era coletar informações sobre possíveis hereges na família do prisioneiro. Para os inquisidores, esses personagens poderiam muito bem ser cúmplices.

Assim que o inquisidor chegou ao fim de sua lista de verificação, o palco foi mais uma vez entregue ao prisioneiro. O prisioneiro teve a chance de fazer qualquer confissão por conta própria. Aqueles que confessaram prontamente sofreram a mais leve das punições. Ao mesmo tempo, aqueles que insistiam em não ter nada a confessar eram frequentemente acusados de mentir. Em vez de deixá-los ir, em uma época antes de mandados e advogados garantidos pelo tribunal, o prisioneiro foi arrastado para uma cela estéril e sombria no porão. Os prisioneiros foram deixados em confinamento solitário por dias, às vezes semanas, e em certos casos extremos, meses, para refletir sobre sua recusa à confissão. Os afortunados entre esses prisioneiros de longa data eram esporadicamente liberados de suas celas para limpar as celas da prisão e varrer os corredores dos santos ofícios.

Com o inquisidor como a única conexão do prisioneiro com o contato humano, não demoraria muito para quebrar seus espíritos e extrair uma "confissão" deles. A essa altura, porém, os prisioneiros lançados na solitária eram considerados coniventes e indignos de confiança aos olhos dos inquisidores. Alguns prisioneiros esperavam que admitir uma "pequena confissão" fosse suficiente para sua libertação. Muito pelo contrário, esses petiscos apenas aguçavam o apetite do inquisidor e, muitas vezes, isso era considerado um sinal de que o prisioneiro era realmente culpado. Eles tinham como objetivo dilacerar o prisioneiro aos poucos até que ele sucumbisse, e os fardos do trauma psicológico, o recinto esquálido, a noção distorcida do tempo e a preocupação paralisante com a família e os amigos que se acumularam dentro dos prisioneiros fizeram exatamente isso. Alguns julgamentos teriam durado anos a fio, com o prisioneiro lentamente definhando em suas celas, esperando por uma justiça que nunca chegaria.

Se os tributos psicológicos não foram suficientes para desgastar o prisioneiro, os inquisidores buscaram a ajuda de um torturador medieval, e dado o fato de esses torturadores serem pagos pela confissão, eles naturalmente surgiram com uma investida de formas morbidamente criativas para extrair "verdades" de seus prisioneiros. Os mais proficientes desses torturadores eram convocados por diferentes ramos dos santos ofícios espalhados pela Espanha e ganhavam recompensas mais do que decentes por cada sessão.

O mais comum desses métodos de tortura era a flagelação ou açoite. Os prisioneiros eram despidos e seus pulsos amarrados a um poste de açoite. O torturador estava atrás deles, brandindo uma coleção de chicotes, hastes de metal, tábuas grossas de madeira e um chicote com várias pontas. Eles chicotearam as costas dos prisioneiros com os instrumentos insidiosos, e os prisioneiros seriam espancados tão fortemente que o sangue escorria pelos vergões em suas costas. Algumas das varas de inquisição que foram recuperadas mais tarde continham pedaços de carne humana seca presos ao metal enferrujado.

Os açoites foram considerados a mais branda das táticas de tortura. Se os açoites não tivessem produzido a informação que os inquisidores queriam, uma série de outros instrumentos de tortura, antigos e novos, eram usados. Normalmente, a próxima opção do torturador era o strappado. Os prisioneiros amarrados a pulsos eram presos a um sistema de corda e roldana e, em seguida, elevados ao teto, pairando 6 pés acima do solo. Um par de pesos de ferro que pesava pelo menos 100 libras estava algemado ao redor dos tornozelos do prisioneiro. Um puxão na corda fez com que os pesos despencassem, a queda repentina deslocando os ossos e causando sérios danos aos nervos e articulações.

A representação de um strappado

Armas e dispositivos de tortura descobertos séculos mais tarde oferecem evidências dos horrores inimagináveis e terríveis que os prisioneiros enfrentaram, já que outras táticas às quais os torturadores antiéticos recorreram são matéria de pesadelo. Pinças ameaçadoras eram usadas para arrancar as unhas e quebrar os dedos. Um dispositivo irmão arrancou os seios das mulheres com suas garras afiadas. Pesos de ferro que pesavam centenas de libras foram colocados no peito dos prisioneiros, esmagando suas costelas e lentamente tirando o fôlego deles.

O armamento medonho não parou por aí. Os torturadores cutucavam os prisioneiros com ferros de marcar com brasa, mutilando-os onde quer que quisessem. Restos de carne queimada chamuscados nas solas dos pés humanos foram encontrados com crostas no forro das botas de metal aquecidas. Os prisioneiros eram amarrados a cadeiras de madeira equipadas com uma cama de pontas afiadas enferrujadas no assento, feitas para permanecer no lugar por horas seguidas. Em dias lentos, as cabeças dos prisioneiros que se contorciam eram mergulhadas em baldes de água suja repetidamente.

Os torturadores impulsionaram sua criatividade macabra ainda mais à medida que inovavam, atualizavam e compartilhavam seus novos brinquedos com seus companheiros torturadores em todo o país. Para aqueles que queriam uma alternativa para o strappado, eles recorreram à prateleira de tortura. Um prisioneiro estava esparramado sobre uma prancha de madeira, ou raque, com os braços e pernas estendidos ao máximo. Um giro da roda puxava os pulsos e tornozelos dos prisioneiros, puxando seus membros das órbitas, causando uma dor terrível. Além disso, o raque era versátil. Para uma mudança de ritmo, os prisioneiros eram obrigados a se deitar na ranhura da prateleira, enquanto uma engenhoca semelhante a um pêndulo era suspensa sobre eles com uma bola de ferro serrilhada na extremidade. Enquanto balançava para frente e para trás, a bola de ferro baixava a cada golpe e, eventualmente, cortava os estômagos nus e o peito dos prisioneiros que choravam.

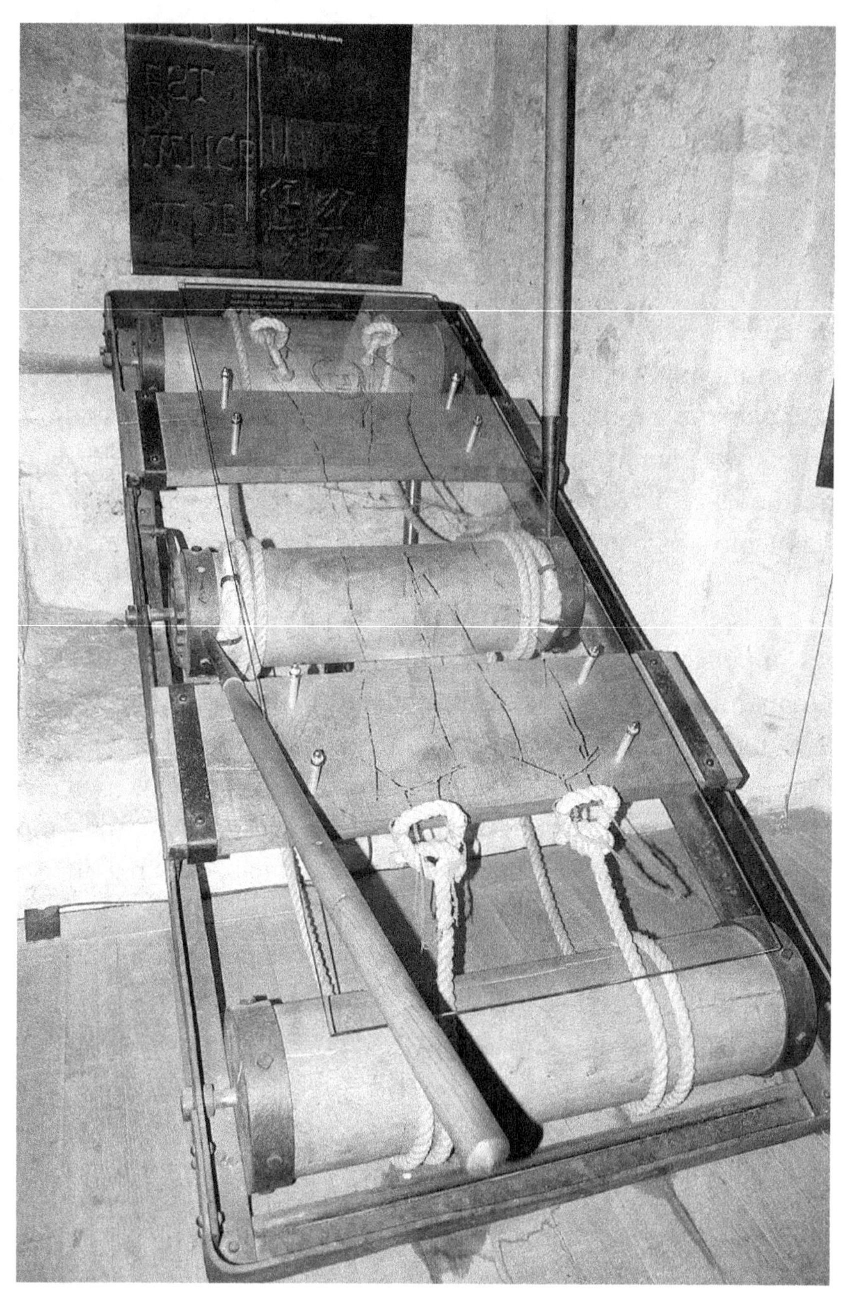

Foto de David Bjorgen de um Raque de Tortura

Os torturadores que se deleitavam com a angústia lenta preferiam o uso de troncos. Eram duas pesadas partes de madeira que foram presas aos tornozelos do prisioneiro para contê-lo. As solas de seus pés estavam cobertas de banha e gordura, e braseiros - recipientes medievais de ferro para carvão - eram pressionados contra seus pés. Como as ações eram um dos dispositivos com as menores taxas de fatalidade, esse método era quase exclusivamente usado para mulheres, bem como para crianças que testemunhavam contra seus pais."Pêras" eram outro dispositivo reservado para as mulheres. O objeto em forma de pera, que funcionava como um saca-rolhas, era injetado na boca ou na vagina.

A tortura da água também se mostrou útil durante o interrogatório.Variantes do moderno afogamento simulado foram usadas. Por exemplo, às vezes um prisioneiro era obrigado a deitar em uma espécie de estante enquanto um dos torturadores os amarrava e fechava o nariz. Um funil era alojado na boca do prisioneiro e 8 litros de água fervente eram despejados em suas gargantas. Às vezes, um pano era enfiado na boca. Isso despertou um reflexo de deglutição que empurrava o líquido para o estômago, e o prisioneiro imobilizado acabava por ter uma sensação horrível de asfixia. O processo era repetido até que os prisioneiros perdessem a consciência.

Talvez o mais simbólico de todos esses dispositivos de tortura seja o garfo do herege. O instrumento era basicamente a cabeça de uma forquilha, apresentando um quarteto de pontas serrilhadas. As pontas eram presas a uma coleira de metal usada em volta do pescoço da vítima. Com as pontas das forquilhas sob o queixo do prisioneiro, eles eram forçados a manter o pescoço ereto o tempo todo. O mesmo garfo também pode ser amarrado em volta do peito, usado por um prisioneiro suspenso no teto.

Garfo de Herege

Os registros dos escribas mostram apenas um vislumbre dos horrores da vida real que os prisioneiros foram obrigados a enfrentar. Desde então, surgiram certas histórias de algumas das experiências horríveis dos prisioneiros. Um relato falava de uma suspeita de recaída vinda de Ciudad Real, que, ao se recusar a confessar, foi imobilizada e silenciada com um pano na boca. Forçado a ingerir quase um litro de vinagre, ele perdeu a consciência e quase perdeu a vida.

A quilômetros de distância, em Calen, uma garota de 15 anos foi sequestrada de sua mãe, suspeita de recaída. Ela foi então despida e suas costas esfoladas até que ela "testemunhasse" contra sua mãe. A menina quebrantada foi forçada a viver com a culpa e a vergonha para sempre, porque sua mãe logo foi executada com base em seu testemunho.

Os inquisidores empregaram outro método de controle público - a humilhação. Em 1486, 750 recaídas compostas por homens, mulheres e crianças pequenas foram presas nas ruas de Toledo. Vestidos de sanbenitos, que eram mantos amarelos sujos com cruzes vermelhas estampadas no peito, o grupo era obrigado a marchar pelas ruas. O manto era uma marca daqueles que pecaram contra a Igreja Católica. Um espectador anotou a visão atroz em seu diário. Enquanto o desfile corria pelas ruas, o grupo choroso e profundamente perturbado segurava velas apagadas contra o peito com os punhos trêmulos. Os homens do grupo tinham a cabeça totalmente raspada e mulheres e crianças agarradas umas às outras, com alguns delirantes arrancando os cabelos de tanta vergonha.No final do desfile, eles entraram em fila na igreja local. Dois padres perto das portas cumprimentaram cada um deles na entrada. Os clérigos abençoaram cada um com um sinal da cruz e proferiram as palavras: "Receba o sinal da cruz que você negou e perdeu por ser enganado. "O grupo foi mantido em cativeiro por mais 6 semanas, sofrendo as chicotadas diárias de um cordão feito de plantas antes de ser finalmente libertado.

Transcrições arrepiantes recuperadas dos santos ofícios fornecem uma amostra do tormento mental que os prisioneiros sofreram. Havia registros de pessoas, principalmente crianças, implorando aos torturadores que parassem enquanto gritavam por seus entes queridos. Por meio de sangue e lágrimas, outros choraram por misericórdia e alguns receberam a morte de braços abertos. Um número perturbador tentou, mas não conseguiu argumentar com seus torturadores. Eles insistiam que confessar algo que eles ou seus entes queridos nunca haviam feito era o maior pecado de todos. Seus gritos foram respondidos com métodos avançados de tortura.

Os Destinos dos Perseguidos

"'Certamente o dia está chegando; vai queimar como uma fornalha. Todos os arrogantes e todos os malfeitores serão como restolho, e o dia que está por vir irá incendiá-los ', diz o Senhor Todo-Poderoso. 'Nenhuma raiz ou ramo será deixado para eles.' "- Malaquias 4: 1

Registros são tão precisos que é realmente possível para os historiadores a mapear todo o processo de um prisioneiro que enfrentou durante a Inquisição.

No momento em que os julgamentos de um prisioneiro fossem concluídos, os inquisidores encarregados conduziam uma reunião no escritório sagrado. Um representante do Bispo, acompanhado por consultores oficiais que estavam bem versados em teologia e lei, discutiam o caso com o Inquisidor. A condenação do preso seria determinada através de votação unânime. Se um voto unânime não era alcançado, o caso era passado para a Suprema, a suprema corte espanhola.

Os prisioneiros eram classificados em dois grupos – de levi, para os criminosos culpados de delitos e de vehementi, aqueles acusados de "crimes graves". Um prisioneiro poderia esperar cinco resultados com sua sentença. O primeiro resultado era o mais raro de todos – uma absolvição completa de seus crimes. Os prisioneiros eram libertados e enviados de volta como membros reabilitados da sociedade. É claro que, mesmo que estes prisioneiros fossem autorizados a retornar para casa, muitos estavam permanentemente aleijados.

Às vezes, uma condenação poderia ser suspensa. Isto significava que o prisioneiro era solto, mas só depois de ser posto em liberdade condicional. Eles deviam ser verificados através de visitas anunciadas e também surpresas do escritório dos inquisidores e viviam sob a ameaça de que seu caso poderia ser voltar ao tribunal a qualquer momento.

O nível três de sentença era penitência. Estes prisioneiros, que foram rotulados culpados, marchavam ao público, onde renunciavam à sua fé e eram assim enviado ao catolicismo. Aqueles que ainda eram vistos como impenitente após a renúncia seriam punidos em conformidade. As punições poderiam ser qualquer coisa, desde multas pesadas, exílio ou uma sentença vitalícia como escravos de cozinha. Esses escravos trabalhavam nos navios de guerra e eram encarregados do terrível e desgastante dever de remar. Da mesma forma, aqueles que eram vistos como genuinamente arrependidos acabavam sendo libertados após uma sessão de chicote pública ou outro período nas celas da prisão.

A final e mais assustadora das sentenças era o relaxamento. Esta foi uma frase reservada para o verdadeiramente irreconciliável - o impenitente e aqueles que foram pegos recaindo várias vezes. Este grupo de prisioneiros seria cruelmente executado.

O peso do crime de um prisioneiro não importava - seja roubo, assassinato ou simples heresia. Uma vez que eles eram declarados culpados e enviados para a morte, seus destinos eram um só. Eles passariam pelo que a Igreja Católica chamava de "a purificação do pecado pelo fogo". Este foi o temido auto-da-fé, ou "ato de fé". Esta tradição mórbida e celebrada pela primeira vez ocorreu em Sevilha no início de fevereiro de 1681, onde 6 pessoas morreram queimadas. Dadas as centenas de julgamentos simultâneos na Espanha, as autoridades decidiram que precisavam de uma maneira mais eficiente de lidar com o influxo de cadáveres e, como resultado, os inquisidores adotaram a ideia de execuções em massa.

Numa época em que o entretenimento era extremamente limitado, os autos-da-fé se tornaram uma espécie de grande evento. Esta foi uma época em que os festivais regulares de corridas de touros de fogo - que são exatamente como o nome sugere - eram clubes de animais vivos eram atividades recreativas apreciadas por todos em uma família medieval. No mesmo espírito, "assar" criminosos malignos eram eventos marcados nos calendários familiares.

Essas execuções em massa eram realizadas nas principais praças e anfiteatros da cidade e normalmente duravam um dia inteiro. Milhares nas multidões invadiam as praças da cidade para testemunhar o angustiante espetáculo público. Os prisioneiros sobrecarregados pelas algemas de ferro em seus pulsos e tornozelos eram obrigados a navegar por multidões zombeteiras que cuspiam insultos e obscenidades contra eles. Encabeçando a fila estava um padre de rosto solene, erguendo uma grande cruz de madeira. Quando terminassem suas rondas, eles seriam levados de volta ao palco improvisado de madeira.

O maior auto-da-fé da Inquisição Espanhola ocorreu em Madri em 1680. Entre os presos condenados estavam centenas de homens e mulheres, todos suspeitos de relapsos e hereges. Mais de 5.000 espectadores chegaram para assistir a massa ardente, trazendo junto com eles, sua família e amigos. Crianças pequenas andava sobre os ombros de seus pais, onde eles recebiam uma lição visual do que aconteceria a eles se eles desobedecessem a lei da igreja. Vendedores de alimentos aproveitavam-se do encontro na praça da cidade vendendo deleites quentes e bebidas frescas para a audiência.

Os registros históricos indicam a quantidade de tempo e esforço que as autoridades dedicaram a um evento específico. Dezenas e dezenas de trabalhadores e assistentes preencheram a lista e passaram mais de um mês construindo o palco. Os produtores de cera foram os maiores vendedores do mês, com uma vela encontrada nas mãos de quase todos que apareceram no evento.

Um por um, os prisioneiros, carregando velas amarelas e usando cordas simbólicas em volta do pescoço, foram escoltados até o palco. Alguns soluçaram e imploraram por suas vidas. Outros eram estranhamente neutros, aparentemente resignados com seus destinos. Todos estavam vestidos de sanbenitos com chapéus altos, cônicos em branco. As vestes dos condenados eram pretas e bordadas com imagens de dragões, cobras, demônios e macacos consumidos pelo fogo do inferno.

Enquanto o prisioneiro estava no cadafalso, o anfitrião do auto-da-fé, provavelmente um inquisidor, declarou seu crime para todo o público ouvir. Eles tiveram uma chance final de confessar. Aqueles que fizeram uma confissão satisfatória tiveram alguma compaixão. Eles foram estrangulados até a morte com as cordas ou cordas de metal em volta do pescoço. Seus corpos foram jogados em uma pira de madeira, que era um aglomerado de galhos e combustíveis.

Quanto àqueles que se recusavam a confessar ou renunciar à sua fé, sua morte seria lenta e torturante. Totalmente conscientes e muito vivos, esses prisioneiros eram contidos com corda e jogados na pira. Lá, eles queimaram vivos, o fedor de pele queimada misturando-se com os gritos de aprovação da multidão.

Expulsando os Judeus

"O medo coletivo estimula o instinto de rebanho e tende a produzir ferocidade para com aqueles que não são considerados membros do rebanho."- Bertrand Russel

Em 1490, 12 anos após o início da Inquisição Espanhola, Torquemada, junto com os monarcas católicos, estava ficando impacientes. Limitar o crescimento dos conversos desobedientes e hereges parecia estar demorando muito mais do que o esperado. As autoridades precisavam de uma maneira mais eficiente e infalível de limpar o país dos judeus espanhóis para sempre.

Torquemada, que defendia o corte de todos os laços com a comunidade judaica, teria supostamente desempenhado um papel no aumento das chamas da histeria antissemita. Ele queria que os judeus saíssem - rápido - e precisava de apoio sólido das autoridades e do público católico. A história de um trágico assassinato no vilarejo de La Guardia logo veio à tona e circulou por boatos. A história, que muitos acreditam ter sido inventada por Torquemada e membros da Igreja, fala de 6 relapsos e 5 conspiradores judeus praticantes que supostamente saquearam uma casa cristã e sequestraram uma criança, que mais tarde assassinaram. Embora o corpo, que supostamente foi crucificado, nunca tenha sido encontrado, o público ficou histérico e exigiu justiça para o "Santo Menino de La Guardia".

Torquemada espalharia a fofoca aos santos ofícios em todo o país. Os homens acabaram sendo considerados culpados de bruxaria, acusados de estripar a criança e de usar seu coração como rito de sacrifício durante um ritual pagão. Cada um dos 11 homens foi levado para as estacas.

Nessa época, o rei Fernando e a rainha Isabel se encontravam no centro de um cabo-de-guerra entre Torquemada e Abraham Señor, um conselheiro judeu da corte real. Em um ouvido, Torquemada plantou a ideia de expulsar todos os judeus da Espanha. No outro, o Señor esperava subornar os monarcas, prometendo-lhes grandes somas de ouro se deixassem os judeus permanecerem ilesos na Espanha. A realeza estava em uma rotina - eles não podiam simplesmente rejeitar os apelos do Señor. Afinal, este foi um dos homens que ajudou a planejar seu casamento.

Diz a lenda que, quando Torquemada soube da oferta do senhor, ficou furioso. O Grande Inquisidor invadiu as câmaras reais e dramaticamente arremessou 30 moedas de prata contra Fernando e Isabel que estavam de queixo caído. Quando os monarcas abriram a boca para protestar, Torquemada os interrompeu, furioso: "Judas Iscariotes vendeu seu mestre [Cristo] por 30 moedas de prata. Vossa Alteza o venderia [pelo mesmo]. Aqui está [o dinheiro], leve-o! "Isso pode ter sido o suficiente para obrigar o rei e a rainha a sucumbir às exigências de Torquemada. Quando o Señor pediu uma explicação, Isabel citou um versículo do Livro dos Provérbios: "O coração do rei está nas mãos do Senhor, como rios de água. Ele o dirige para onde quer. Ela afirmou que esta não era a vontade deles, mas a de Deus, e que o "Senhor colocou isso no coração do rei".

Em março de 1492, no mesmo ano em que os monarcas patrocinaram a viagem de Cristóvão Colombo às Índias Orientais, o Decreto de Alhambra foi aprovado. Este foi um edito de expulsão para todos os judeus espanhóis, com efeito imediato. Uma passagem do decreto declarava: "Nós comandamos todos os judeus e judias de qualquer idade, que eles partam de nossos reinos e domínios com seus filhos, filhas, criados ou incorrerão na penalidade da morte sem mais julgamento, ou declaração ou sentença ". Os judeus tinham até julho daquele ano, cerca de três meses, para decidir se queriam se converter ao catolicismo ou ser permanentemente expulsos do reino espanhol. Eles foram instruídos para carregar suas carroças com todas as suas posses, mas eles estavam a deixar de seu ouro, dinheiro, joias e as obras de suas terras e propriedades para trás. Hoje, os judeus degredados são conhecidos como "Judeus sefarditas," sefardita, sendo o termo hebraico para "Espanha".

Fontes ao longo dos anos tem contestado o número de judeus espanhóis banido após a aprovação do Decreto de Alhambra. Algumas fontes alegaram o número para ser tão alto quanto 400.000, Considerando que fontes modernas contam cerca de 80.000. Henry Kamen, o historiador que forneceu a última fonte, estimou que um adicional de 200.000 suspeitos de recaída foi alvo do decreto. Destes, 50.000 judeus optaram pela conversão e foram autorizados a ficar para trás.

Quando o decreto foi emitido pela primeira vez, vários judeus de Segóvia se permaneceram além das muralhas de Segóvia, montando acampamento no cemitério. Lá, eles imploraram às autoridades que voltassem para suas casas, mas seus pedidos foram ignorados. Eventualmente, os judeus banidos partiram, com a maioria deles se estabelecendo em Portugal. Outras famílias cruzaram os mares para o Marrocos, assim como outras regiões da Europa, Norte da África e o Império Otomano.

Em 1494, apenas dois anos após o estabelecimento do decreto, Torquemada capitalizou a expulsão. Com grande parte da terra agora liberada pelos judeus que partiram, o Grande Inquisidor foi presenteado com o cemitério judeu ao lado de Ávila para o uso privado de seu mosteiro.

Para piorar as coisas, nem todas essas famílias judias emigratórias chegaram aos seus destinos. Dizem que alguns dos navios que transportavam essas famílias judias eram de capitães corruptos. Eles supostamente cobraram "uma fortuna" para essas famílias durante a viagem, mas enquanto navegavam para o meio do oceano, todos a bordo seriam roubados, mortos e jogados nas águas turvas. Para adicionar outra nota amarga, aqueles em Portugal nunca foram capazes de resolver em seu novo lar; Eles tiveram que mudar apenas alguns anos mais tarde quando Portugal caiu sob o controle dos monarcas espanhóis.

Torquemada continuaria seu reinado de terror como Inquisidor geral por mais 6 anos. O homem que era responsável pela "purificação" da Espanha e a tortura desumana de milhares de pessoas viveria uma vida longa, nunca enfrentando a vingança daqueles que ele ofendeu. Em 1498, 15 anos depois de Torquemada ter conquistado o título, o Grande Inquisidor enfrentou seu fim pacífico. Torquemada faleceu de causas naturais no mosteiro de Ávila aos 78 anos.

Censura, Controle e os Moriscos

"Onde eles queimam livros, eles irão, no final, queimar seres humanos também."- Heinrich Heine, "Almansor"

Felizmente, pelo menos neste caso, todas as coisas devem chegar ao fim. O Papa Alexandre VI (ainda mais conhecido hoje como o notório Rodrigo Borgia), depois de ser inundado com reclamações do público e de outros clérigos sobre as táticas antiéticas de Torquemada, decidiu que algo tinha que de feito. Para restaurar alguma forma de ordem, o papa convidou quatro homens a bordo como inquisidores assistentes.

Papa Alexandre VI

Quando a Inquisição Espanhola entrou no século 16, as ondas do banho de sangue se acalmaram um pouco. Ao longo dos anos de liderança de Torquemada, cerca de 2.000 relapsos suspeitos foram mortos. O próximo na fila para ocupar o cargo de Grande Inquisidor foi o cardeal arcebispo de Toledo, Francisco Jimenez de Cisneros. Ele também havia servido como um dos confessores pessoais da rainha Isabella.

Cisneros

Após a reação do domínio desprezível de Torquemada, Cisneros estava determinado a reestruturar o sistema de ofícios sagrados mais uma vez. A partir daí, cada tribunal foi nomeado uma dupla de inquisidores dominicanos, um policial, um promotor, um consultor jurídico e uma tropa de assistentes para ajudar com a papelada. A Igreja Católica não tinha mais controle total sobre a inquisição, já que cada tribunal deveria ser supervisionado por funcionários do governo bem educados que conheciam os meandros da lei.

O jovem Carlos V assumiu o trono real da Espanha em 1516, e os perseguidos na Espanha esperavam que a nova coroa trouxesse com ele um plano para impedir a inquisição ou, pelo menos, uma era de mudanças. Durante anos, as Cortes da Espanha (a assembleia nacional espanhola) expressaram suas sérias preocupações sobre a inquisição por meio de petições e cartas sem resposta. No entanto, o novo monarca exigiu que a inquisição continuasse conforme planejado.

Carlos V

De 1530-1560, no meio do reinado de Carlos até o de Filipe II, houve uma queda notável no número de reincidências judias perseguidas. As estatísticas dos conversos perseguidos diminuíram para cerca de 3% do total. No entanto, o feitiço da paz seria interrompido em 1588, quando inquisidores toparam com um grupo secreto de cripto-judeus em Quintanar de la Orden, uma das províncias de Toledo. O grupo vinha praticando "la ley mosaica", ou a "guarda do sábado", bem como a Lua Nova (rosh chodesh) e outros feriados judaicos.Assim, os relapsos judeus se tornaram os alvos principais da inquisição mais uma vez.

Simultaneamente, a inquisição voltou sua atenção para outros grupos reformadores protestantes. Um eram os "alumbrados", ou em inglês, os "Iluminados". Esta seita cristã mística, seus seguidores encontrados principalmente em Guadalajara e Valladolid, se esforçaram para alcançar um grau de perfeição espiritual. Aqueles com almas verdadeiramente puras, eles acreditavam, tinham acesso a uma visão divina abençoada sobre eles pelo Espírito Santo e podiam então desvendar completamente o enigma por trás da Santíssima Trindade.

Assim que os inquisidores souberam dos alumbrados, eles ergueram seus forcados.Seu líder de 1525, Alonso Manrique de Lara, decidiu ir atrás do grupo, condenando-os por um decreto de heresia.Vários supostos alumbrados foram levados a julgamento, alguns cumprindo longas sentenças de prisão. Um desses casos incluiu a filha de um trabalhador de Salamanca que afirmou ter mantido conversas reais com Jesus e a Mãe Sagrada. Felizmente, não houve relatos de qualquer julgamento de algum iluminado que tenha resultado em execução.

Os inquisidores começaram a investigar intelectuais também. Homens, escritores e clérigos bem educados que admiravam os ensinamentos de Erasmo, um padre católico e humanista holandês, foram acusados de acolher ideias "não ortodoxas", que beiravam a heresia.Juan de Valdes, um célebre escritor religioso, foi forçado a fugir, fugindo para a Itália. Juan de Avila, um ex-pregador, não teve tanta sorte; Avila foi preso e passou mais de um ano em uma cela de prisão.

Erasmo

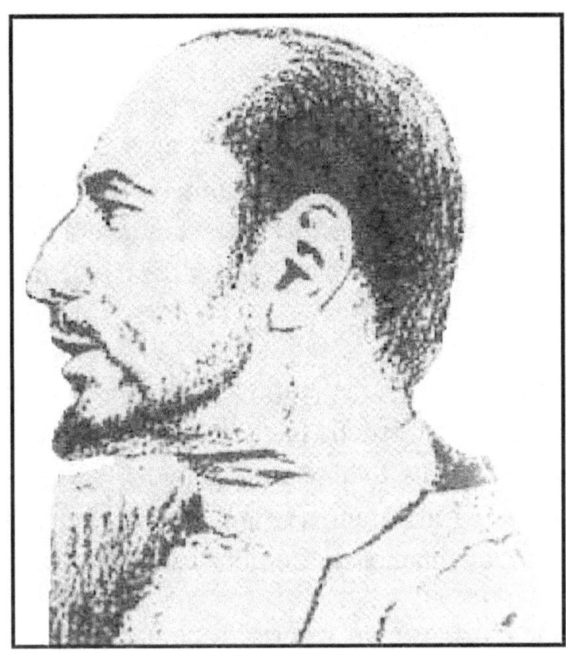

Valdes

Os inquisidores deram um novo nome aos santos infratores. Eles agora eram chamados de "luteranos". Nem todos eram protestantes ou necessariamente religiosos. Bêbados, zombadores cristãos, perturbadores da ordem pública e outros vilões foram rotulados como tais.

Para obter controle absoluto sobre o público, a Igreja e seus inquisidores recorreram à censura para eliminar ideias que não tinham lugar em sua agenda. Livros que "evocassem, descrevessem ou ensinassem coisas lascivas e obscenas" eram proibidos ao público. Em 1551, os inquisidores espanhóis divulgaram oficialmente seu primeiro índice de livros proibidos para as massas, e apenas uma única frase do que a Igreja considerava blasfêmia ou anticatólica era suficiente para dar a um escritor um lugar no índice. Autores cujas obras não continham conotações religiosas, como os dramaturgos Gil Vicente e Lope de Vega, foram encontrados na lista.As obras-primas de grandes mentes além das fronteiras também foram banidas, como Maquiavel e Dante. Mesmo os autores que agora são comparados aos santos dos dias de hoje encontraram um lugar no índice. Os aldeões compareciam regularmente às queimadas de livros organizadas por suas igrejas locais, reunindo-se em torno de uma grande fogueira, arrancando os livros de suas encadernações e jogando a literatura retalhada nas chamas.

Não demoraria muito para a Igreja Católica perceber as muitas falhas desses índices. Toda a literatura proibida impediu o crescimento das pessoas e a educação de seus clérigos, e muitos começaram a reclamar da variedade extremamente limitada de livros. Para remediar as queixas, as autoridades cederam e cederam. Um novo índice foi publicado posteriormente, agora com metade do tamanho da lista anterior. Quanto aos livros que voltaram a circular, estes eram disponibilizados ao público. Esses livros alterados continham certas passagens que foram apagadas, bem como páginas misteriosamente perdidas.

Os relapsos caçados não eram exclusivos de grupos judeus e protestantes. Uma das maiores populações de conversos eram os mouriscos, também conhecidos como muçulmanos. Entre o século 16 e a primeira metade do século seguinte, os muçulmanos espanhóis, embora perseguidos, foram deixados em paz. Sua presença ainda era muito necessária no império espanhol, já que a riqueza das empresas muçulmanas bem sucedidas ajudava a impulsionar a economia em crise.

A comunidade muçulmana, que se estabeleceu na Espanha no início do século 10 , floresceu com o passar dos anos. A cidade de Córdoba havia se tornado a capital muçulmana da Espanha, uma área movimentada com hospitais totalmente equipados e estradas bem pavimentadas. Era uma comunidade repleta de artes, literatura e criatividade. Numa época em que toda a Europa possuía apenas 600 livros, os muçulmanos de Córdoba estavam com 6.000 por ano.

As tensões entre os Cristãos Velhos e os Mouriscos começaram no século 15 , e se arrastaram até o século 16. Em 1499, Cisneros foi enviado a Córdoba e às cidades vizinhas do sul da Espanha para lidar com os muçulmanos. Os inquisidores invadiram casas e estabelecimentos sagrados, confiscando todos os manuscritos escritos em árabe. Esses manuscritos foram incinerados, enquanto aqueles que ousaram desafiar as ordens dos inquisidores foram presos, torturados e roubados de seus pertences. Como pregava Cisnero: "Se os infiéis [mouriscos] não pudessem ser atraídos para o caminho da salvação, eles teriam que ser arrastados para lá".

Os muçulmanos espanhóis tentaram retaliar. Eles protestaram contra as conversões forçadas manifestando-se nas ruas, jurando derrubar o monarca católico e colocar em prática um substituto muçulmano. Os monarcas da época, Fernando e Isabel, intervieram rapidamente. No Dia dos Namorados de 1502, um decreto separado foi emitido para os muçulmanos em Granada, ordenando que se convertessem ao catolicismo, ou enfrentariam a ira dos inquisidores - uma certa sentença de morte. Uma grande parte dos muçulmanos espanhóis cedeu às exigências do monarca e se converteu ao catolicismo, mas, como os relapsos judeus, muitos dos conversos muçulmanos continuaram a praticar sua fé a portas fechadas. Outros escolheram recuar para as montanhas Alpujarras, esperando que o terreno rochoso e hostil mantivesse os inquisidores afastados. Durante o resto do século 16, os cristãos-velhos e os mouriscos viveram em relativa harmonia.

Quando Filipe III estava no trono, no entanto, a relação entre católicos e muçulmanos azedou. Em 9 de abril de 1609, o rei, apoiado pelo duque de Lerma, seu conselheiro financeiro, e pelo arcebispo Juan de Ribera, decretou formalmente a "Expulsão dos mouriscos". O decreto pedia friamente que os muçulmanos "partissem, sob pena e morte de confisco para não levarem dinheiro, ouro, joias ou letras de câmbio, apenas o que pudessem carregar". Todos os muçulmanos espanhóis tiveram um prazo de 3 dias para empacotar seus pertences e embarcar em um navio com destino ao Norte da África e outras paradas dentro do Império Otomano. Estima-se que 300 mil mouriscos, que somam cerca de 4% da população espanhola, foram expulsos da Espanha.

Filipe III

As dificuldades dos agora sem-teto mouriscos não pararam por aí. Relatos de testemunhas oculares e registros de arquivos históricos destacaram a crueldade de sua expulsão. Cristãos odiosos invadiram casas muçulmanas e, em alguns casos, sequestraram crianças muçulmanas para serem criadas como católicas. Muçulmanos foram mortos nas ruas em nome do esporte, e alguns soldados apenas o fizeram por tédio. Não só se esperava que as famílias muçulmanas pagassem sua própria passagem para sua nova casa, mas também vários homens e mulheres muçulmanos seriam estuprados e roubados nos navios.

Em 1614, em apenas 5 anos, a população morisca da Espanha estava virtualmente extinta.

Outras Heresias

"É perigoso ter razão em assuntos sobre os quais as autoridades estabelecidas estão erradas."
- Voltaire

Além dos relapsos, todos os tipos de pessoas de diferentes estilos de vida foram apontados como hereges. Um excelente exemplo foi a caça às bruxas que tomou a Inquisição Espanhola no início do século 17. Ao mesmo tempo, uma busca semelhante por bruxaria ocorreu em países europeus vizinhos, como Alemanha, França e Escócia.

Aqueles que eram suspeitos de "atividade supersticiosa" foram rotulados como feiticeiros do mal e engajados em magia negra. Um dos casos mais notáveis foi o do Julgamento das Bruxas Bascas em Logroño, uma cidade no norte da Espanha. A caça começou no início de janeiro de 1609 e durou até o início de novembro de 1610. Durante esse tempo, mais de 7.000 casos foram examinados por inquisidores, e tantas evidências foram coletadas que a papelada se estendeu por 11.000 páginas.

As mulheres constituíram a maioria dos acusados, mas alguns padres, e até crianças de 13 anos, também foram interrogados. Incluído no manual dos inquisidores estava uma passagem que listava os sinais reveladores de uma bruxa ou adorador pagão. Eram pessoas que reverenciavam as plantas, árvores e elementos da natureza como seus deuses e erguiam altares com pedras e flores para prestar homenagem. Brujas, a palavra espanhola para "bruxas", eram aquelas que inventavam poções de amor, abençoavam "pedras da fertilidade" e realizavam abortos sem supervisão com ervas e remédios estranhos. Também foram presos padres que teriam curado milagrosamente os enfermos com nominas amaldiçoadas ou amuletos gravados com nomes de santos.

De 7 a 8 de novembro de 1610, foi realizado um auto-da-fé em Logroño.Aqui, seis pessoas foram queimadas nas estacas, enquanto esculturas de madeira semelhantes a cinco outros prisioneiros também foram jogadas no fogo. No final das contas, a tendência de caça às bruxas nunca pegou totalmente, especialmente porque muitos acreditavam que as próprias acusações eram supersticiosas. Alonso de Salazar Frias, o inquisidor de Logroño, foi um dos que defendeu o fim da caça às bruxas. Ele disse a famosa frase: "Não havia bruxas nem feitiços em uma aldeia até que se falassem e escrevessem sobre elas". Ele logo ganhou o apelido de "O Advogado das

Bruxas".

Outras ofensas heréticas frequentes foram bigamia e adultério. Centenas de julgamentos surgiram durante a Inquisição Espanhola dedicada ao crime. Embora homens e mulheres tenham sido condenados por bigamia, os homens eram normalmente condenados a uma vida de trabalhos forçados nas cozinhas, enquanto as mulheres pagavam por seus crimes com a vida.

Os criminosos mais sérios para os inquisidores eram os "pervertidos sexuais" enlouquecidos em suas cidades, e as mais graves dessas perversões eram a masturbação e a sodomia. Um caso notório conta a história de Agustina Ruiz, de 20 anos. Em 1621, o seu padre, o padre Manuel de Santo Tomas, deslocou-se ao santo ofício local com notícias profundamente preocupantes. Aparentemente, Ruiz, um de seus visitantes regulares no confessionário, admitiu que se masturbava desde os 11 anos.Este foi um "pecado de poluição" imperdoável. Para piorar as coisas, Ruiz também compartilhou com ele fantasias sexuais alarmantes com sexo a três e atos homossexuais. Como punição, Ruiz foi mandada para um convento por três anos.

Ela era uma das mais sortudas. Durante a Inquisição Espanhola, aproximadamente 500 casos de sodomia enfeitaram o pódio do inquisidor. O primeiro sodomita acusado foi queimado nas estacas de Valência em 1572. Daquele ponto em diante, centenas de outros nobres, clérigos, trabalhadores, marinheiros, soldados e servos também seriam acusados. Sodomitas que foram condenados à morte foram castrados e amarrados pelos pés, seus testículos enrolados em volta do pescoço como um lenço.

Quase todos os 500 casos de sodomia ocorreram entre um homem mais velho e um adolescente. Cerca de 100 desses casos envolveram suspeita de abuso infantil e apenas uma fração ocorreu entre adultos que consentiram. Talvez um fato um tanto reconfortante foi que as crianças envolvidas com menos de 12 anos, juntamente com os adolescentes que tinham prova de estupro, não foram punidos. Como regra geral, sodomitas com menos de 25 anos evitam a execução.

Os maçons eram outro grupo condenado ao ostracismo pelos inquisidores. A organização fraterna, que foi fundada no início do século 18 , era uma irmandade de homens que aceitava membros de bom caráter de todos os credos, profissões e status sociais. Em 1738, a Igreja Católica criticou abertamente a irmandade e acrescentou-a à lista dos hereges.

A animosidade dos inquisidores em relação aos maçons era tão forte que a simples suspeita de serem um membro poderia justificar a morte. Em 1815, o Inquisidor Geral e Bispo de Almeria, Francisco Javier de Mier y Campillo, pediu uma limpeza com pedreiro. Campillo queria demolir todas as lojas maçônicas, que estigmatizou como "sociedades que conduzem ao ateísmo, à sedição e a todos os erros e crimes".

Chegando ao Fim

"A Inquisição? Seu antigo poder não existe mais: a autoridade horrível que esta corte sanguinária exerceu em outros tempos foi reduzida ... "- Desconhecido

O dia em que Carlos VI foi nomeado rei da Espanha marcou o início da mudança que os críticos da Inquisição esperavam há muito. Por volta de 1700, a inquisição começou a se deteriorar e não exibia mais o mesmo brio que exibia sob a liderança de Torquemada. No entanto, a inquisição se arrastaria por mais de cem anos, sangrando no século 19.

Carlos VI

Charles, que se inspirou na Idade do Iluminismo espanhola no século anterior, viu o dano que as polêmicas perseguições causaram ao bem-estar do público. Mais importante ainda, o sufocamento de ideias e crenças não ortodoxas estava lenta mas seguramente matando a economia. Agora que Charles estava no comando, ele trabalhou para acabar com isso. Durante seu reinado, o controle dos inquisidores começou a afrouxar. Em áreas como Valladolid, Sevilha e Salamanca, os livros listados na lista de não distribuição da Igreja Católica chegaram às mãos do público com relativa facilidade.

A primeira tentativa de abolição da inquisição ocorreu durante a invasão de Napoleão, que coroou seu irmão José como rei da Espanha em 1808, mas essa tentativa de abolição durou pouco. Quando Fernando VII assumiu o trono em julho de 1814, ele tentou reviver a inquisição mais uma vez.

Fernando VII da Espanha

Três anos depois, um ex-secretário-geral da equipe do inquisidor, Juan Antonio Llorente, viria a ser notícia. Llorente, que se tornou um apoiador de Napoleão e foi banido para a França, publicou um livro apropriadamente intitulado, Uma História da Inquisição da Espanha. As críticas acirradas do livro, junto com trechos direto dos arquivos dos santos ofícios, teriam levado a outra abolição temporária, que durou mais três anos.

Llorente

Embora a inquisição nunca tenha sido formalmente trazida de volta, o rei Fernando restabeleceu a Congregação das Reuniões de Fé, uma organização estranhamente semelhante à dos tribunais enterrados. Em 1826, essa mesma congregação condenou um homem chamado Cayetano Ripoll. O professor foi acusado de ser deísta e repreendido por supostamente incutir princípios deístas em seus ensinamentos a crianças cristãs impressionáveis. Em 26 de julho, Ripoll foi enforcado, tornando-o oficialmente o último a ser executado pela Inquisição Espanhola.

A Inquisição Espanhola finalmente terminou depois de 8 anos. Em 15 de julho de 1834, a viúva de Fernando, Maria Christina, assinou e publicou um decreto real pedindo seu término. Em uma interessante reviravolta nos acontecimentos, 2 anos antes do fim da inquisição, uma gangue de rebeldes forçou a entrada no túmulo de Torquemada. O lugar foi dilacerado e seus ossos foram escavados e queimados até que seus restos não passassem de cinzas, como as vítimas da inquisição. O Decreto Alhambra que bania os judeus não seria revogado até muito mais tarde, em 16 de dezembro de 1968.

Maria Christina

O número de vidas que a era de perseguição acabou reivindicando ainda é contestado até hoje. Enquanto as estimativas anteriores colocaram o número perto de 32.000, historiadores modernos argumentam que era mais provável ter sido por volta de 3.000-5.000. Independentemente do número final, uma coisa é certa - a Inquisição Espanhola continua sendo um capítulo estremecedor de brutalidade humana, fanatismo religioso e opressão que permanecerá uma mancha nas páginas da história.

Fontes da Web

<u>Outros livros sobre a história do Catolicismo por Charles River Editors</u>

<u>Outros livros sobre história Medieval por Charles River Editors</u>

<u>Outros livros sobre a Inquisição na Amazon</u>

Bibliografia

1.   "The Horrors of the Church and Its Holy Inquisition." La Ciencia Real. Yahoo, n.d. Web. 31 de outubro de 2016.

2.   Levine, Jason. "Christian-Jewish Relations: The Inquisition." Jewish Virtual Library. American-Israeli Cooperative Enterprise, 2016. Web. 31 de outubro de 2016.

3.   Freeman, Shanna. "How the Spanish Inquisition Worked." How Stuff Works. InfoSpace Holdings, LLC, 2016. Web. 31 de outubro de 2016.

4.   "THE INCREDIBLE STORY OF THE JEWISH PEOPLE." The Jewish Story. Blogspot, n.d. Web. 31 de outubro de 2016.

5.   Ferguson, Everett. "Persecution in the Early Church: Did You Know?" Christianity Today. Christianity Today, LLC, 1990. Web. 31 de outubro de 2016.

6.   "History of the Dominican Friars." Dominican Foundation. Dominican Friars of the Province of St. Joseph, 2016. Web. 31 de outubro de 2016.

7.   Connor, Tracy, and Jon Schuppe. "Pope Francis Makes Saint of Controversial Missionary." NBC News. NBC Universal, 23 de setembro de. 2015. Web. 31 de outubro de 2016.

8.   "What Is the Decree That Pope Gregory IX Issued in 1231?" Christianity Stack Exchange. N.p., 14 de janeiro de 2015. Web. 31 de outubro de 2016.

9.   "Nine Lives Are Not Enough: Inquisitions, Cat Massacres, and the Black Death." EsoterX. WordPress, 20 de fevereiro de 2014. Web. 31 de outubro de 2016.

10.   "The Inquisition." History of England. WordPress, 30 de março de 2014. Web. 31 de outubro de 2016.

11.   Rodriguez, Jesus Rueda. "What Were the Factors That Led to the Spanish Inquisition?" Quora. N.p., 4 de novembro de 2015. Web. 31 de outubro de 2016.

12.   Chalmers, Brian. "The 'Jewish Question' in 15th and 16th Century Spain." Institute for Historical Review. Institute for Historical Review, Feb. 1996. Web. 31 de outubro de 2016.

13.   Telushkin, Joseph. "Modern Jewish History: The Spanish Expulsion." Jewish Virtual Library. American-Israeli Cooperative Enterprise, 1991. Web. 31 de outubro de 2016.

14.   "First Hand Account of the 1492 Expulsion by an Italian Jew." Sephardic Studies. Foundation for the Advancement of Sephardic Studies and Culture, 2004. Web. 31 de outubro de 2016.

15.   "The End of Spanish Jewry." Jewish History. The Destiny Foundation, 8 de setembro de 2011. Web. 31 de outubro de 2016.

16.   "BLACK DEATH." History Channel. A&E Television Networks, LLC, n.d. Web. 31 de outubro de 2016.

17.   Trueman, C. N. "The Black Death of 1348 to 1350." The History Learning Site. N.p., 5 de março de 2015. Web. 31 de outubro de 2016.

18.   Wein, Berel. "The Black Death." Jewish History. The Destiny Foundation, 14 de novembro de 2012. Web. 31 de outubro de 2016.

19.   "Black Death Reaches Worms." On This Day In Messianic Jewish History. WordPress, 1 de março de 2015. Web. 1 de novembro de. 2016.

20.   "The Most Evil Men in History Torquemada." Dores Hugden. N.p., 22 de janeiro de 2014. Web. 1 de novembro de 2016.

21.   "Tomas De Torquemada." Religion Facts. Religion Facts, Inc., 10 de novembro de 2015. Web. 1 de novembro de 2016.

22.   Gitlitz, David M. "Conversos and the Spanish Inquisition." PBS. Inquisition Productions, Inc., Maio de 2007. Web. 1 de novembro de 2016.

23.   "Tomas De Torquemada." Encyclopedia of World Biography. The Gale Group, Inc., n.d. Web. 1 de novembro de 2016.

24.   Lewis, Jone Johnson. "Queen Isabella I of Spain." About. About, Inc., 11 de maio de 2016. Web. 1 de novembro de 2016.

25.   "Medieval Torture." Medieval Warfare Info. N.p., 2013. Web. 1de novembro de 2016.

26.   "Christopher Colombus." History Channel. A&E Television Networks, LLC, n.d. Web. 1 de novembro de 2016.

27.   Cole, Juan. "Burning the Qur'an? 'Wherever They Burn Books, They Will in the End Burn Human Beings'." Informed Comment. Informed Comment, Inc., 31 July 2010. Web. 1 de novembro de 2016.

28.   Madden, Thomas F. "The Truth about the Spanish Inquisition." Crisis Magazine. Crisis Magazine, Ltd., 2 Apr. 2011. Web. 1 de novembro de 2016.

29.   "Jiménez De Cisneros, Francisco." Encyclopedia of World Biography. The Gale Group, Inc., 2004. Web. 1 de novembro de 2016.

30.   "Alumbrado." Encyclopedia Britannica. Encyclopedia Britannica, Inc., n.d. Web. 1 de novembro de 2016.

31.   "Erasmus (c.1466 - 1536)." BBC. N.p., 2014. Web. 1 de novembro de 2016.

32.   Roberts, Mike. "The Spanish Inquisition." Medieval Chronicles. WordPress, 2014. Web. 1 de novembro de 2016.

33.   Carr, Matt. "Spain's Ethnic Cleansing: The Muslim Moriscos." History Today. History Today, Ltd., 2 de fevereiro de 2009. Web. 1 de novembro de 2016.

34.   "SPAIN'S FORGOTTEN MUSLIMS – THE EXPULSION OF THE MORISCOS." Lost Islamic History. N.p., 9 de novembro de 2012. Web. 1 de novembro de 2016.

35.   "Sentenced to the Galleys." Virtual Museum of Protestantism. Virtual Museum of Protestantism, n.d. Web. 1 de novembro de 2016.

36.   Flamehorse. "10 Horrifying Tortures Of Early Christians." Listverse. Listverse, Ltd., 24 de setembro de 2013. Web. 1 de novembro de 2016.

37.   Perry, Michael. "1680: A Madrid Auto De Fe." Executed Today. WordPress, 30 de junho de 2012. Web. 1 de novembro de 2016.

38.   "Martyr For Deism: Cayetano Ripoll." World Union of Deists. World Union of Deists, LLC, n.d. Web. 2 de novembro de 2016.

39.   Dashu, Max. "The SECRET HISTORY of the WITCHES." Suppressed Histories. WordPress, 2000. Web. 2 de novembro de 2016.

40.   Tortorici, Zeb. "Against Nature: Sodomy and Homosexuality in Colonial Latin America." Academia. N.p., 3 Oct. 2012. Web. 2 de novembro de 2016.

41.   "What Is Freemasonry?" The Grand Lodge of Ohio. N.p., n.d. Web. 2 de novembro de 2016.

42.   "Pope Leo Speaks to the Extraordinary Synod on Marriage and the Family, Mark II." A Blog for Dallas Area Catholics. WordPress, 30 de setembro de 2014. Web. 2 de novembro de 2016.

43.   Foxe, John. Foxe's Book of Martyrs. N.p.: Revell, 1999. Impresso.

44.   Joinville, Jean De. Chronicles of the Crusades. N.p.: Penguin Classics, 2009. Impresso.

45.   Lindemann, Albert S. Antisemitism: A History. N.p.: Oxford UP, 2010. Impresso.

46.   Foa, Anna. The Jews of Europe after the Black Death. N.p.: U of California, 2000. Impresso.

47.   Gottfried, Robert S. The Black Death: Natural and Human Disaster in Medieval Europe. N.p.: Free, 1985. Impresso.

48.   Perez, Joseph. The Spanish Inquisition: A History. N.p.: Yale UP, 2006. Impresso.

49.   Burgess, Bruce, dir. "The Spanish Inquisition." Inquisition. Like a Shot Entertainment. 2014. Televisão.

50.   Rabinovitch, David, dir. "The Spanish Inquisition." Secret Files of the Inquisition. Insight Film Studios. 2006. Televisão.

Livros Gratuitos da Charles River Editors

Temos diversos títulos totalmente gratuitos todos os dias. Para ver os títulos gratuitos disponíveis no momento, clique neste link.

Livros com Descontos Especiais da Charles River Editors

Temos títulos com descontos especiais no valor de apenas 99 centavos todos os dias! Veja os títulos disponíveis com este desconto clicando neste link.